Ursula Hicks, Steuerpolitik im Wohlfahrtsstaat

FINANZWISSENSCHAFTLICHE FORSCHUNGSARBEITEN

Neue Folge Heft 3

Herausgegeben von Prof. Dr. G. Schmölders, Universität Köln

Steuerpolitik im Wohlfahrtsstaat

Die Erfahrungen in Großbritannien

Von

Prof. Ursula Hicks, (Oxford)

Mit einem Geleitwort

von Prof. Dr. G. Schmölders, Köln

DUNCKER & HUMBLOT / BERLIN

Übersetzung aus dem Englischen von G. Schmölders

Alle Rechte vorbehalten
Verlag Duncker & Humblot, Berlin-Lichterfelde
Gedruckt 1953 bei Steinmetz & Langen, Berlin SW 68

Geleitwort

Das Finanzwissenschaftliche Forschungsinstitut an der Universität Köln legt nachstehend zwei Vorträge vor, die die Inhaberin des ordentlichen Lehrstuhls für Finanzwissenschaft an der ehrwürdigen Universität Oxford, Mrs. Ursula Hicks, im Juni 1953 auf Einladung der Universität Köln gehalten hat. Das Institut setzt damit die Linie fort, die mit der Forschungsarbeit über die Kinderbeihilfen begonnen wurde und die darauf abzielt, die sozialpolitischen Maßnahmen einmal im Lichte ihrer finanzwirtschaftlichen Rückwirkungen und Probleme zu untersuchen. Im Mittelpunkt dieser Problematik der öffentlichen Ausgaben steht der Gedanke einer Umschichtung der Einkommensverteilung durch die öffentliche Hand, wie ihn vor mehr als zwei Generationen Adolph Wagner zuerst formuliert und als Aufgabe der Steuerpolitik bezeichnet hat. Im Zuge einer Expansion der Staatswirtschaft, wie sie seitdem in allen Ländern in einem früher für unvorstellbar gehaltenen Ausmaß eingetreten ist, hat diese Forderung durch die Gestaltung der progressiven Besteuerung auf der einen, der Sozialaufwendungen auf der anderen Seite bereits weitgehend Erfüllung gefunden; die Finanz- und Steuerpolitik des Wohlfahrtsstaates, für die insbesondere die Erfahrungen Großbritanniens ein erstes praktisches Beispiel darstellen, ist damit zum zentralen Problem der Finanzwirtschaft geworden.

Das Kölner Finanzwissenschaftliche Forschungsinstitut arbeitet zur Zeit an einer ersten Vergleichsuntersuchung über die Redistributionswirkung der Finanzwirtschaft des Bundes, der Länder und Gemeinden sowie der „hilfsfiskalischen Gebilde", wie sie in der deutschen Wirtschafts- und Sozialverfassung in besonders reichem Maße geschaffen worden sind. Die beiden Vorträge von Mrs. U. Hicks können für diese Untersuchung in vielerlei Hinsicht Anhaltspunkte bieten, nicht zuletzt in methodologischer Beziehung. Ihr Grundgedanke, den wirklichen Redistributionseffekt der zahlreichen Finanz- und Sozialmaßnahmen der öffentlichen Körperschaften in großen Zügen zahlenmäßig zu erfassen und zu veranschaulichen, wird auch die Kölner Untersuchung leiten müssen.

Mrs. U. Hicks gebührt für die anregenden Gedanken, die sie bei ihren Kölner Vorträgen zu diesem Thema gegeben hat, besonderer Dank.

G. Schmölders

Inhaltsverzeichnis

Geleitwort 5

I. Die Steuerpolitik Großbritanniens seit dem Kriege

1. Einleitung 11
2. Der äußere Rahmen 12
3. Die Größenordnungen 15
4. Das Verbrauchs- und Aufwandsteuersystem 18
5. Die Einkommens- und Gewinnbesteuerung 20
6. Die Steuererleichterungen im neuen Budget 22

II. Die Einkommensumschichtung durch die öffentliche Hand

1. Einleitung 25
2. Die Steuerprogression 26
3. Einkommensumschichtung als Aufgabe der Finanzpolitik .. 30
4. Die Ermittlung der Einkommensumschichtung 32
5. Die Problematik der statistischen Erfassung
   der Einkommensumschichtung durch die öffentliche Hand .. 35
6. Der Umfang der Einkommensumschichtung
   durch die öffentliche Hand 39

I

**Die Steuerpolitik Großbritanniens
seit dem Kriege**

1. Einleitung

In Großbritannien haben die Anschauungen über die Rolle, zu der die Besteuerung berufen ist, eine große Veränderung erfahren. Diese Veränderung läßt sich bis in die 30er Jahre zurückverfolgen, ist aber erst seit dem letzten Weltkrieg voll erkennbar hervorgetreten; sie ist so umwälzend, daß sie nahezu den Charakter einer Revolution angenommen hat. Inhaltlich läßt sie sich etwa wie folgt zusammenfassen: Früher galten die Steuern lediglich als eine Methode, Mittel aufzubringen. Heute dienen sie zwar normalerweise auch nach wie vor zur Aufbringung von Mitteln, die Besteuerung wird jedoch keineswegs ausschließlich unter diesem Gesichtspunkt ausgestaltet. Im einzelnen sollen die Steuern (oder richtiger soll das Steuersystem als ganzes) zusätzlich noch weiteren Zwecken dienen:

1. als Instrument einer kompensatorisch-antizyklischen Finanzpolitik, in der Hauptsache in der Richtung einer Eindämmung der Inflation. Als Stimulus in Zeiten der Depression ist es einfacher, das Mittel der Subventionen anzuwenden, obgleich Steuersenkungen auch hier eine Rolle spielen können; die Subventionen können ja gewissermaßen als negative Steuern angesehen werden.

2. Als Mittel der Einkommensumschichtung oder Redistribution. Eine solche Umschichtung kann sich entweder in der Richtung von den Wohlhabenden zu den Minder-

bemittelten oder von den Einzelpersonen zu den Familien hin vollziehen; jedoch liegt ihre größere Bedeutung in der Kaufkraftumleitung von den reicheren zu den ärmeren Schichten.

Diese Wandlungen in den Anschauungen über die Aufgaben der Besteuerung beschränken sich natürlich nicht auf Großbritannien; man findet sie ebenso in den Vereinigten Staaten, in einer Anzahl westeuropäischer Länder und in anderen Ländern des britischen Empires. Aber ich glaube, in keinem dieser Länder war die Umwälzung grundlegender als in Großbritannien; dies mag zum Teil an unserer **gut**, vielleicht **zu** gut organisierten Steuerverwaltung liegen, die infolgedessen mit der Verwirklichung einer Politik Ernst macht, die in anderen Ländern lediglich auf dem Papier stehen bleibt.

2. Der äußere Rahmen

Bevor ich nun auf die dadurch hervorgerufenen Veränderungen in der Besteuerung eingehe, möchte ich zum besseren Verständnis eine kurze Skizze des britischen Steuersystems zeichnen. Alle Steuern mit **einer Ausnahme** fließen der Zentral-Regierung zu und fast alle werden von zwei großen Behörden erhoben, nämlich dem „Department of Inland Revenue" und dem „Department of Customs und Excise". Diese Behörden stehen in enger Verbindung mit dem Schatzamt, dem obersten Finanzministerium, obgleich sie nicht eigentliche Abteilungen des Schatzamtes sind; sie unterstehen jedoch direkt dem Schatzkanzler oder Finanzminister. Die einzige Steuer, die direkt den lokalen Behörden (den Grafschaften und Städten) zufließt, ist eine nach der Miete berechnete Steuer auf Grundstücke und Gebäude, die unter dem Namen „Local Rate" bekannt ist.

Ein auffallender Tatbestand unter den Strukturwandlungen des Steuersystems ist die immer geringer werdende Bedeutung dieser örtlichen Mietensteuern und die demgegenüber wachsende Bedeutung der Zuschüsse der Zentral-Regierung an die örtlichen Behörden. Daraus ergibt sich eine zunehmende Zentralisierung der Finanzpolitik, die natürlich der Einheitlichkeit und Planmäßigkeit der Finanzpolitik zugute kommt, mag es sich um ihren Einsatz zu Zwecken der Konjunkturpolitik oder zum Zwecke der Einkommens- und Vermögensumschichtung handeln; aber diese größere Zentralisierung der Finanzwirtschaft geht auf Kosten der örtlichen Selbstverwaltung, was manchen, vielleicht vielen von uns bedauerlich erscheint.

Abgesehen von diesen Steuern ist die einzige zusätzliche Belastung im britischen System in den Beiträgen zur Sozialversicherung, dem „National Insurance Fund", zu sehen, die von den Arbeitern und Arbeitgebern gezahlt werden. Die einzelnen Sozialabgaben sind kürzlich zu einem einzigen Beitrag vereinigt worden, der der Sicherung gegen Arbeitslosigkeit und Krankheit, der Altersversorgung und anderen sozialen Leistungen dient. Gleichzeitig wurde dieses System sozialer Sicherheit auf die ganze Bevölkerung ausgedehnt. Von einigen Seiten, insbesondere von den Gewerkschaften, werden die Sozialversicherungsbeiträge nicht als Steuern angesehen, sondern als Leistungen, aus denen gewisse Ansprüche auf Gegenleistungen hergeleitet werden können. — In Wirklichkeit sind sie jedoch Zwangsabgaben und ihrer Höhe nach nicht auf versicherungsmathematischen Grundlagen berechnet. Die Beitragssätze dienen ebenso wie die angesammelten Summen den allgemeinen finanzpolitischen Zwecken, so daß sie zum mindesten vom ökonomischen Standpunkt aus nichts anderes als Steuern sind.

Die Aufteilung der finanzpolitischen Zuständigkeiten zwischen dem „Inland Revenue Department" und dem „Department of Customs and Excise" entspricht im wesentlichen der Einteilung der Steuerarten. „Inland Revenue" ist zuständig für die Verwaltung der Einkommensteuer einschließlich der Gewinnsteuer (Profits Tax) und der Vermögensteuern (d. h. nur die Erbschaftssteuer), also aller jener Steuern, die an die wirtschaftliche Gesamtlage des Steuerzahlers, das ist die natürliche Person oder Firma, anknüpfen. Dabei ist zu erwähnen, daß es in Großbritannien nur eine einzige Steuer vom Vermögen gibt, nämlich die hohe und sehr progressive Nachlaßsteuer vom Gesamtvermögen beim Erbübergang. Im übrigen gibt es keine Steuer auf Vermögenserträge, außer insofern, als einige Arten von Veräußerungserlösen von der progressiven Einkommensteuer (Sur Tax) erfaßt werden.

Das „Department of Customs and Excise" ist zuständig für die Verwaltung der Verbrauchs- und Aufwandsteuern, d. h. derjenigen Steuern, die an Menge oder Wert der Güter oder Dienstleistungen anknüpfen, die von den Steuerzahlern erworben oder in Anspruch genommen werden.

Die Einkommen- und Vermögensteuern, soweit sie direkt von natürlichen Personen erhoben werden, sind höchst progressiv; die Profits Tax, also die Einkommensteuer auf die jährlichen Gewinne der Kapitalgesellschaften, ist dagegen proportional. Bei den Verbrauchs- und Aufwandsteuern ist der Versuch unternommen worden, einen progressiven Faktor in die Steuertarife einzubauen, aber im ganzen gesehen bleibt ihre Inzidenz regressiv, das heißt, die prozentuale Belastung fällt mit steigendem Einkommen. Bei einer Anzahl von Gütern bleibt die Verbrauchsmenge von einem relativ niedrigen Punkt der Einkommensskala an praktisch unverändert, so daß ihre Belastungswirkung auf die wohlhabenden Schichten verschwindend gering wird.

3. Die Größenordnungen

Ein paar Zahlen sollen erstens die Zunahme der Steuerlast im ganzen, zweitens die Gewichtsverlagerungen innerhalb der beiden großen Gruppen von Steuern veranschaulichen, nämlich zwischen den Einkommen- und Vermögensteuern auf der einen, den Verbrauchs- und Aufwandsteuern auf der anderen Seite.

Tabelle 1

	1913	1923	1938	1944	1948	1950	1952
Gesamtsteueraufkommen[1]) in v. H. des Volkseinkomm.	10	23	23	40	39	35	36
Steuern auf Einkommen und Vermögen in v. H. des Gesamtaufkomm.	35	49	46	59	50	47	51

[1]) ohne Sozialversicherungsbeiträge aber einschl. Gemeindesteuer.

Tabelle 2

1. Steuern auf Einkommen und Vermögen	1938	1944	1948	1950	1952
	(Aufkommen in Mill. £ St.)				
Einkommensteuer	312	1310	1360	1414	1736
Surtax dazu	59	74	100	121	131
Gewinnsteuern	15	508	279	268	379
Erbschaftssteuern	78	111	178	186	152
2. Verbrauchssteuern und Zölle					
Tabaksteuer	84	383	604	604	—[1]
Branntweinsteuern	107	356	418	395	—[1]
Aufwandsteuer	—	98	291	303	—[1]
Stempelsteuer	21	18	57	55	—[1]
Fahrzeugsteuern	35	29	53	61	68
Mineralölsteuern	58	57	111	144	—[1]
Zölle	45	19	46	63	—[1]
3. Gemeindesteuer	215	235	319	344	378
4. Sozialversicherungsbeiträge	109	140	355	443	477

Die Zahlen der Tabellen lassen deutlich zwei Punkte erkennen:

1. Die Kriegsverhältnisse verursachen einen Anstieg der Steuerbelastung, der im wesentlichen auch nach dem Krieg bestehen bleibt; nicht eigentlich als Ergebnis des

---

[1] Zahlen liegen noch nicht vor.

I. Die Steuerpolitik Großbritanniens seit dem Kriege

Krieges oder seiner Nachwirkungen, sondern vielmehr deshalb, weil neuer Finanzbedarf entstanden ist und neue Einnahmequellen erschlossen wurden, um ihn zu decken.

2. Der relative Anteil der Einkommen- und Vermögensteuern tendiert zu einer Steigung, jedoch ist der stärkste Anstieg dieser Steuergruppe im wesentlichen eine Folge der temporären Kriegserscheinungen. Dieser Tatbestand hat eine Anzahl von Ursachen: Das Steigen des Einkommens bei Vollbeschäftigung und eine gewisse inflatorische Tendenz spielen eine Rolle, aber der Hauptanteil entfällt, abgesehen von der Erhöhung der Steuersätze, auf die neu hinzugekommenen Gewinn- bzw. Übergewinnsteuern. Dies oder vielmehr die Furcht vor einem neuen Krieg war die Ursache der Anteilsteigerung der direkten Steuern von 1950 auf 1952.

Das Progressionsprinzip trat erstmals im Jahre 1894 im britischen Steuersystem auf. Es wurde damals allerdings nur bei der Erbschaftsteuer angewandt. Die Einkommensteuer wird seit 1842 ununterbrochen erhoben, wurde jedoch erst 1910 progressiv. Ihre höchste Anspannung erfuhr sie im vergangenen Krieg mit einem Durchschnittssatz in der höchsten Stufe von 97 % vom Gesamteinkommen. Durch diesen Steuertarif wurde das dem Steuerpflichtigen verbleibende Einkommen im Höchstfalle auf einige siebentausend Pfd. Sterling begrenzt; was darüber lag, ging fast vollständig als Einkommensteuer in die Finanzkasse. Für das Jahr 1953/54 ist der effektive Steuersatz der höchsten Einkommensgruppe auf 87 % festgesetzt. Einkommen- und Körperschaftsteuer zusammen betrugen in den letzten Jahren für die nichtausgeschütteten Gewinne im Durchschnitt 13 Sh. pro £ oder 65 vom Hundert.

4. Das Verbrauchs- und Aufwandsteuersystem

Der charakteristische Zug des britischen Verbrauchsteuersystems liegt in seiner Konzentration auf eine relativ kleine Anzahl von Steuern, deren Sätze außerordentlich hoch sind. Dieses Charakteristikum wurde bereits im Jahr 1860 als Abschluß der langen Kämpfe um den Übergang zum Freihandel eingeführt; und selbst die Abkehr vom Freihandel anfangs der 30er Jahre hat diese Besonderheit nicht ernsthaft beeinträchtigt. Die gesamten Schutzzölle zusammen brachten nicht mehr als ein Zehntel der Einnahmen aus der Tabaksteuer ein. Heute fließen ungefähr 60 % des Aufkommens an Verbrauchs- und Aufwandsteuer aus drei Quellen:

1. Aus der Tabaksteuer, die ungefähr doppelt soviel Einnahmen bringt wie irgendeine andere Verbrauchsteuer.

2. Aus den Steuern auf alkoholische Getränke.

3. Aus der Aufwandsteuer (Purchase Tax).

Die letzten beiden bringen etwa dieselben Einnahmen auf. Die Purchase Tax ist eine neue Steuer, die zu Beginn des Krieges eingeführt wurde. Es ist eine Steuer vom Wert der Waren, die auf der Großhandelsstufe von einer großen Anzahl der teureren Gebrauchs- und Verbrauchsartikel erhoben wird. Verglichen mit den Umsatzsteuersätzen in anderen Ländern sind ihre Sätze außerordentlich hoch; für einige Güter betragen sie bis zu 100 %. Im kommenden Jahr sollen sie auf drei Tarifsätze reduziert werden, nämlich auf 75, 50 und 25 % je nach der Art der Waren.

Die hervorstechendste Strukturwandlung des Verbrauchs- und Aufwandsteuersystems im Vergleich mit der Vorkriegssituation liegt jedoch in dem enormen Anstieg der Einnahmen

I. Die Steuerpolitik Großbritanniens seit dem Kriege

aus der Besteuerung der Tabakwaren, die von 84 Mill. £ im Jahre 1938 auf 604 Millionen im Jahre 1951 angewachsen sind. Offenbar vermag keine Steuererhöhung die britische Bevölkerung vom Rauchen abzuhalten. Dieser steile Anstieg der Tabakbesteuerung und die große Rolle der neuen Purchase Tax sind kein Zufall; sie gehören vielmehr untrennbar zu dem Kampf gegen die Inflation. Angesichts der fast vollkommenen Unelastizität der Nachfrage wirkt die Tabaksteuer wie eine pauschale Steuer auf die Verbraucher. Sie ähnelt damit annähernd der „idealen" Steuer, die ausschließlich auf die Einkommenslage wirkt und keinerlei Steuerausweichungswirkungen nach sich zieht, die die Belastung auf Substitutionsgüter verschieben könnte. Sie hat auch keine unerwünschte Nachwirkung auf die Einkommensverteilung als solche, da sie lediglich eine Redistribution des Einkommens von den starken Rauchern zu den Wenig- oder Nichtrauchern bewirkt. Die Tabaksteuer in Großbritannien ist somit ein ideales Abwehrmittel gegen die Inflation.

Die Purchase Tax dagegen hat, obgleich sie sich ebenfalls im Kampf gegen die Inflation bewährt hat, gewisse Härten für den Verbrauch an Haushaltsgütern im Gefolge. Andererseits besitzt sie zwei bedeutende Vorteile.

1. Die Steuersätze können für die verschiedenen Güter variiert werden, um die Nachfrage in besondere Richtungen zu lenken, beispielsweise von solchen Gütern abzulenken, die zu ihrer Herstellung teure oder knappe Rohstoffe erfordern.

2. Dadurch, daß eine breite Auswahl an zusammengehörigen oder gegenseitig vertretbaren Gütern mit verhältnismäßig niedrigen Steuersätzen herangezogen wird, dürfte die Ein-

buße an Lebensgenuß bei einem gegebenen Aufkommen weniger empfindlich sein, als wenn die ganze Steuerlast einem einzelnen dieser Güter aufgebürdet wird.

5. Die Einkommens- und Gewinnbesteuerung

Von noch größerer Bedeutung sind die Veränderungen in der Besteuerung des Einkommens und der Gewinne, welche seit 1940 stattgefunden haben. Die persönliche Einkommensteuer, die heute stärker progressiv ist als jemals zuvor, hat sich von einer Steuer der mittleren und höheren Klassen weitgehend zu einer Massensteuer entwickelt, welche die große Mehrzahl der Wochenverdiener erfaßt. Begleitet war diese Wandlung von einer neuen Erhebungsmethode, nämlich durch den Steuerabzug von den laufenden Wochenverdiensten und -gehältern. Die Methode, die dafür in England angewandt wird, ist unter dem Namen „Pay as you earn"-System bekannt. Sie besteht in einem laufenden Lohnsteuerausgleich dergestalt, daß der Lohnsteuerpflichtige mit der Finanzkasse immer genau glatt steht. Dieses System ist keineswegs ideal, es dürfte unter gewissen Umständen geradezu leistungshemmend wirken, da es das absichtliche Nichterscheinen an den Arbeitsstellen unverzüglich mit Steuerrückvergütungen belohnt; im allgemeinen ist jedoch die verbesserte zeitliche Anpassung der Lohnbesteuerung an die Lohnzahlung eine Hilfe für die kompensatorische Finanzpolitik, da die Steuerzahlungen dadurch den Veränderungen des Nationaleinkommens praktisch ohne time lag unmittelbar folgen.

Auf dem Gebiete der Gewinnbesteuerung ist nach dem Kriege ein interessantes Experiment unternommen worden, das darauf hinauslief, unter Beibehaltung der hohen Steuer-

I. Die Steuerpolitik Großbritanniens seit dem Kriege

sätze die Industrie zu zusätzlichen Investitionen anzuregen. Dies geschah in folgender Weise:

1. Mittels einer Besteuerung der Gesellschaftsgewinne, die für die ausgeschütteten Gewinnteile um vieles höher war, als für die nichtausgeschütteten Gewinne, die im Unternehmen zurückbehalten wurden. Übrigens wurde auch bei der Gewinnbesteuerung die Steuer zum erstenmal von den Einkünften des laufenden Jahres erhoben, nicht von denen des Vorjahres; auch hierdurch verbesserte sich die zeitliche Anpassung der Besteuerung an das Volkseinkommen.

2. Die Investitionen wurden ferner durch ein System erhöhter Abschreibungsquoten bei der Errichtung neuer Anlagen angeregt. 20 % der Gesamtabschreibung (für einige Jahre sogar 40 %) standen dadurch im ersten Jahr der Lebensdauer einer Maschine zur Verfügung. Dadurch wird zwar auf lange Sicht keine zusätzliche steuerliche Erleichterung gewährt, aber die Abschreibungserlaubnis stellt eine zinslose Anleihe für die Lebenszeit einer Anlage dar, und wo ein umfangreiches Investitionsprogramm durchgeführt wird, kann dies dazu führen, daß die Steuerbelastung für eine Anzahl von Jahren aufgeschoben wird. Das System der beschleunigten Abschreibung dürfte auch zur Überwindung der Schwierigkeit der Kapitalerhaltung beigetragen haben, welche andernfalls infolge der unzureichenden Abschreibungen, die auf den Anschaffungspreisen der Vorkriegszeit basierten, aufgetreten wären. Da schließlich die Unternehmungen diesem System sehr zugetan sind, kann es wohl sein, daß wir auf diese Weise eine neue Methode entdeckt haben, das Tempo der Investitionen zu kontrollieren.

6. Die Steuererleichterungen im neuen Budget

Trotz dieser Milderungen kann kaum bezweifelt werden, daß die britischen Steuern für eine dauerhafte und gesunde Wirtschaft zu hoch waren und noch sind. Sie wurden seit dem Kriege aus mehreren Gründen auf dieser außerordentlichen Höhe gehalten:

1. Der Kampf gegen die Inflation (an dem bis zum November 1951 die Geldpolitik nicht teilnehmen durfte).

2. Das erweiterte Sozialprogramm, wie es von der Labour-Regierung durchgeführt wurde.

3. Die Kosten der Wiederaufrüstung.

Wir haben jedoch heute die Hoffnung, daß sowohl die Einkommen- wie auch die Verbrauchssteuern wesentlich herabgesetzt werden. Das neue Budget kündigt Steuererleichterungen an, die insgesamt auf 287,9 Mill. £ geschätzt werden. Davon entfällt mehr als 20 % auf die Senkung der Purchase Tax. Insgesamt belaufen sich die Steuerermäßigungen auf etwa 2 % des Volkseinkommens von 1952, so daß darin zumindest ein kleiner Anfang zu sehen ist.

II

Die Einkommensumschichtung durch die öffentliche Hand

1. Einleitung

Das Interesse an der Verteilung des Einkommens und an dem Einfluß der öffentlichen Finanzwirtschaft auf die Einkommensverteilung, insbesondere an der sogenannten Redistribution, ist in England bereits alt; die ersten Schätzungen über die Einkommensredistribution durch die Besteuerung beziehen sich auf das Jahr 1903—04. Dieses Interesse rührt in erster Linie von der allgemeinen menschlichen Teilnahme an der Armut so vieler Einwohner der großen Städte her. Man sah ein, daß die industrielle Revolution in gewisser Weise für die V e r e l e n d u n g s e r s c h e i n u n g e n verantwortlich war, zu denen sich häufig das Verbrechen gesellte. Dies steigerte sich, als in den 80er und 90er Jahren des vergangenen Jahrhunderts die Phase einer besonders beschleunigten wirtschaftlichen Expansion zu Ende ging.

Im ersten Jahrzehnt unseres Jahrhunderts wurde das Interesse an Verteilungsfragen durch die Arbeiten der „Royal Commission on the Poor Laws", der Königlichen Kommission für die Armengesetze, deren bedeutendste Mitglieder Sidney und Beatrice Webb waren, und ihren Schlußbericht von 1909 stärkstens gefördert. Es ergab sich daraus, daß die Lage der Lohnempfänger sich seit den 90er Jahren bis zum Ausbruch des Ersten Weltkrieges infolge der steigenden Preise offensichtlich ständig verschlechtert hatte. In diese Dekade fiel an sozialen Maßnahmen die Einrichtung der „Health Insurance"

(Krankenversicherung), der „Old Age Pensions" (Altersversorgung) und — in allerdings sehr beschränktem Grade — der „Unemployment Insurance" (Arbeitslosenversicherung), denen auf der anderen Seite der Sozialbilanz die erste progressive Einkommensteuer in Gestalt der Super Tax gegenübertrat.

Diese Periode ist außerdem durch das Erscheinen zweier bedeutender Bücher bemerkenswert, die die Aufmerksamkeit auf die wachsende Kluft zwischen Wohlstand und Armut lenken: erstens zeigte Prof. Dalton's Buch „Inequality of Incomes" (Die Ungleichheit der Einkommen) den überragenden Einfluß des ererbten Reichtums auf die Entstehung und Fortdauer der Einkommensunterschiede; darüber hinaus zeigte diese Untersuchung, daß die bereits seit 1892 erhobenen progressiven Erbschaftsteuern praktisch nichts an dieser Entwicklung geändert hatten. Zweitens versuchten Prof. Bowley und ein Assistent in dem Buch „Has Poverty Diminished?" (Ist die Armut zurückgegangen?), eine erste umfassende statistische Darstellung der Einkommensverteilung zu geben. Wie bereits aus dem Titel ersichtlich, war dieses Buch in seiner Zielsetzung in erster Linie allgemein-menschlich ausgerichtet.

2. Die Steuerprogression

Die progressive Besteuerung wurde im Gefolge des Ersten Weltkrieges gewaltig erhöht. Die Freigrenze für die „Super Tax" wurde herabgesetzt und ihr Tarif stärker angespannt; auch der Tarif und die Progression der Erbschaftsteuern wurden kräftig gesteigert. Auf der anderen Seite unserer Bilanz wurden die Sozialleistungen aller Art ständig weiter ausgebaut, vor allem mit Rücksicht auf die lange Arbeitslosigkeit der 20er und 30er Jahre. Das Realeinkommen derjenigen Arbeiter, die voll oder doch vorwiegend in Arbeit waren, erhöhte sich jedoch infolge der fallenden Preise stetig. In dieser Periode wurden wichtige neue Schätzungen über die Redistributionswirkungen der Besteuerung veröffentlicht, insbesondere durch das Colwyn Committee on National Debt and Taxation (1927), aus denen sich deutlich die wachsende Progression des Steuersystems erwies.

In die ersten Tage des Zweiten Weltkrieges fällt die Veröffentlichung zweier Werke, die für die zweite Hälfte der 30er Jahre weit umfassendere Angaben boten als alle früheren Schätzungen; auf diesen Untersuchungen beruht die gegenwärtige Aufgeschlossenheit für die weiteren Forschungen auf dem ganzen Gebiet der Redistribution. Den Untersuchungen lag eine außerordentlich umfangreiche Sammlung von Familienhaushaltsrechnungen (von 16 000 einzelnen Wochenhaushaltsrechnungen der Arbeiterklasse aus dem Jahre 1937) zugrunde; dadurch gewann die Forschung zum erstenmal umfassendes Zahlenmaterial nicht nur über den Verbrauch an steuerpflichtigen Verbrauchsgütern (und damit über den Betrag der gezahlten Steuern) in den verschiedenen Einkommensschichten, sondern auch Anhaltspunkte für gewisse Schätzungen über die Inanspruchnahme der Sozialaufwendungen seitens der Einkommensschichten.

Das erste dieser Werke trägt den Titel „The Burden of British Taxation" (Die britische Steuerbelastung) von Shirras & Rostas. Sein Ausgangspunkt war die Absicht, zu zeigen, welche außergewöhnliche Höhe die britische Besteuerung erreicht hatte; dagegen enthält das Werk keine Angaben über die Ausgabenseite des Staats- und Sozialhaushalts. An Hand der Familienhaushaltsrechnungen wurde der Verbrauch der besteuerten Waren in den verschiedenen Einkommensgruppen festgestellt, um zu zeigen, in welchem Maße die verschiedenen Einkommensgruppen zu den Staatslasten beitrugen. Zusätzliche Schätzungen wurden in den Fällen versucht, wo infolge unterschiedlicher Geschmacksrichtungen größere Abweichungen vom Normalkonsum zu verzeichnen waren, besonders hinsichtlich der Steuern auf Tabakwaren und alkoholische Getränke, die, wie wir wissen, im britischen Steuersystem von besonderer Wichtigkeit sind.

In dieser Untersuchungsmethode liegt jedoch eine Schwierigkeit. Versucht man, das Gesamtaufkommen an Steuern auf Grund der Verbrauchsmengen der einzelnen Familien rechnerisch zu ermitteln, so ergibt sich immer eine Differenz zwischen den Ausgaben der Verbrauchergruppen und dem tatsächlichen Gesamtaufkommen des Staates, da über die Höhe des Verbrauchs an einzelnen Gütern, insbesondere über den Umfang des Rauchens und Trinkens, regelmäßig höchst unvollständige Angaben gemacht werden.

Das zweite Werk heißt „Redistribution of Income through Public Finance" (Die Redistribution des Einkommens durch die Finanzwirtschaft). Dieses Buch ist umfassender, denn sein Verfasser, Prof. Barna, behandelt beide Seiten unserer Bilanz, sowohl die nach dem Einkommen progressiv gestaffelte Besteuerung wie die nach dem Sozialbedarf der Empfänger progressiv gestaffelten öffentlichen Zuwendungen. Diese Untersuchung trug erstmalig bereits einen ausgesprochen politischen Anstrich und bezog sich ausdrücklich auf die staatliche Wirtschafts- und Sozialpolitik. Aus Gründen statistischer Vollständigkeit gliederte Barna sowohl die gesamten öffentlichen Ausgaben als auch das gesamte Steueraufkommen nach Einkommensgruppen auf. Dies führt, wie wir noch sehen werden,

II. Die Einkommensumschichtung durch die öffentliche Hand

zu Schwierigkeiten bei denjenigen öffentlichen Ausgaben, die nicht Sozialaufwand sind. Das wirtschaftspolitische Hauptanliegen dieser Untersuchung ergibt sich daraus, daß die Einkommensredistribution von den Wohlhabenden zu den Unbemittelten dazu ausgenutzt werden kann, das sogenannte Übersparen zu kontrollieren und im Falle der Unterbeschäftigung der Produktionsfaktoren die effektive Nachfrage hochzuhalten.

Die Schwäche dieser und aller bis dahin angestellten Untersuchungen war die Vernachlässigung der Redistributionswirkung der Gemeindesteuern. Dies war unvermeidbar, da Gemeindesteuern naturgemäß von Gebiet zu Gebiet verschieden sind und es unwahrscheinlich war, daß genügend Haushaltsrechnungen aus den einzelnen Gebieten zur Verfügung stehen würden, um gewissermaßen durch Zufall doch zu einem richtigen Ergebnis zu gelangen. Außerdem ist in den Familienhaushaltsrechnungen in der Regel nur eine einzige Zahl für Miete und Gemeindesteuern angegeben, da die Gemeindesteuer der Haushalte in den unteren Einkommensstufen vom Vermieter einkassiert wird, so daß diejenigen, die die Angaben machen, wahrscheinlich den Betrag ihrer Steuer überhaupt nicht kennen. Dieses Manko der Berechnungen gewann ernsthafte Bedeutung für eine Gesamtschätzung der Redistribution, da die Lohnempfängerfamilien unter den Verhältnissen von 1937 zwischen 60 und 40 % ihrer Gesamtsteuerleistung in Form solcher Gemeindesteuern zahlten (siehe Tabelle unten). Glücklicherweise fand sich jedoch ebenfalls für 1937 noch genügend Zahlenmaterial, diese Lücke in den Angaben zu füllen, und mein Mann und ich waren deshalb in der Lage, diese Lücke zu schließen („The Incidence of Local Rates in Great Britain", Die Belastungswirkung der Gemeindesteuern in Großbritannien).

3. Einkommensumschichtung als Aufgabe der Finanzpolitik

Die Rückwirkungen dieser statistischen Berechnungen auf die praktische Finanzpolitik der Kriegs- und Nachkriegsjahre lassen sich deutlich nachweisen. Einmal zeigten sie sich besonders deutlich in einer stark gesteigerten Reaktionsbereitschaft der öffentlichen Meinung gegenüber allen etwaigen Ungleichheiten und in der bereitwilligen Unterwerfung der Bevölkerung unter die freiwillige und auch unter die behördlich angeordnete Rationierung, einer ausgesprochenen Bereitschaft, mit allen Verknappungen oder dem Fehlen von Gütern fertig zu werden, solange eben alle anderen sie auch nicht erhielten; zum anderen machte sich die neue Anschauung in einer weiteren starken Steigerung der Höhe der Progression nicht nur der Einkommen-, sondern auch der Erbschaftsteuer bemerkbar, die heute für größere Hinterlassenschaften ohne Rücksicht auf den Verwandtschaftsgrad zwischen Erbe und Erblasser bis zu 80 % des Gesamtwertes beträgt.

Statistische Untersuchungen zeigen, daß die Erbschaftsteuern, unabhängig von ihrer früheren Rolle, endgültig entscheidende Bedeutung für die Redistribution des Vermögens und damit des Einkommens gewonnen haben. Diese ihre Wirkung wird noch dadurch beschleunigt, daß große Hinterlassenschaften schon zu Lebzeiten ihres Eigentümers weitergegeben werden, sowie durch die zunehmend verbreitete Gewohnheit, das Erbe im Todesfall aufzuteilen. So konnte festgestellt werden, daß in der Regel nicht mehr als 30 % der Nachlässe einem einzelnen Erben zufallen, und bei größeren Hinterlassenschaften vollzieht sich diese Aufteilung in noch rascherem Tempo. Auf diese Art und Weise verschwindet

II. Die Einkommensumschichtung durch die öffentliche Hand

nach und nach der ererbte Wohlstand als Ursache einer Ungleichheit der Einkommen vollständig. (Ich persönlich glaube, daß diese Entwicklung gegenwärtig schon wesentlich zu weit gegangen ist, einmal mit Rücksicht auf den überlebenden Ehegatten, der heute unvermittelt zu einem sehr viel niedrigeren Lebensstandard gezwungen wird, zum anderen wegen der wirtschaftlichen Schwierigkeiten von Familiengesellschaften, die durch die Verpflichtung, die Erbschaftsteuer für einen maßgebend beteiligten Gesellschafter zu zahlen, zum Bankrott gebracht werden.)

Drittens äußert sich die britische Redistributionsmentalität in der Bevorzugung von solchen Aufwandsteuern, deren Belastungswirkung eine gewisse progressive Tendenz erkennen läßt. Dies wird besonders deutlich bei der Purchase Tax, bei der Waren von guter einfacher Qualität seit langem (d. h. seit 1940) steuerfrei sind, zuerst unter dem „Utility"-Programm, das den Vorteil hatte, gleichzeitig eine gewisse Qualitätsgarantie zu bieten, und heute unter dem sogenannten „D"-System, das einen größeren Bewegungsspielraum, aber eine verminderte Qualitätssicherung bietet. In der gleichen Richtung wirkte ferner die hohe Gewinnbesteuerung und die freiwillige Stabilisierung (das „Einfrieren") der Dividenden. Diese Entwicklung ist offensichtlich nah verwandt mit der Keynes'schen Idee vom „sanften Tod des Rentners" und gleichzeitig ein Bestandteil der Politik der Inflationsbekämpfung. In der gleichen Richtung wirkte es schließlich, daß die strenge Rationierung und Subventionierung der notwendigen Lebensmittel noch lange nach der Beendigung des Krieges beibehalten wurde. Noch heute sind Fleisch, Fett und Zucker rationiert.

4. Die Ermittlung der Einkommensumschichtung

Das Ausmaß der Redistribution des Einkommens hat ohne Zweifel seit 1937 beträchtlich zugenommen. Dies erhellt aus der Tatsache, daß (im großen und ganzen) die Geldeinkommen heute $2\frac{1}{4}$mal höher sind als vor dem Krieg, während sich der öffentliche Sektor auf das $3\frac{1}{2}$fache und die Sozialausgaben (einschließlich der Nahrungsmittelsubventionen) auf das $4\frac{1}{2}$fache erweitert haben. Es wäre natürlich sehr interessant, diese Wandlungen im einzelnen zu verfolgen; eine umfassende Untersuchung hierüber ist im „Oxford Institute of Statistics" in Angriff genommen und beinahe beendet. (Ich hatte gehofft, daß die wichtigsten Zahlen schon jetzt verfügbar sein würden, dies ist aber leider nicht der Fall.)

Von besonderer Bedeutung ist es, daß diese neue Untersuchung nunmehr weder in erster Linie humanitären noch politischen Charakter besitzt; sie will vielmehr dazu beitragen, gewisse wirtschaftspolitische Entscheidungen zu erleichtern. Es liegt auf der Hand, daß sorgfältige Untersuchungen über die verschiedenen Seiten der Einkommensinzidenz der einzelnen Steuern, Subventionen und Sozialausgaben bei der Beurteilung der wirtschaftspolitischen Maßnahmen hinsichtlich Sparen und Investieren wertvolle Hilfe leisten und damit zugleich große Bedeutung, sei es für eine Politik kompensatorischer Finanzmanipulationen, sei es für eine umfassendere nationale Planung gewinnen können. Es ist auch interessant, daß diese neue Untersuchung sich weit weniger auf die globalen Gesamtwirkungen der Besteuerung oder der öffentlichen Ausgaben beschränkt, als frühere Arbeiten auf diesem Gebiet. Dies wurde zum Teil bewußt geplant, um den Mißbrauch der Zahlen für politische Zwecke in einer Ange-

II. Die Einkommensumschichtung durch die öffentliche Hand

legenheit zu verhindern, die heute Gegenstand großer Parteiempfindlichkeit ist, aber auch deshalb, weil die Politik sich in erster Linie an den individuellen Teilwirkungen orientieren muß, die der wichtigste Gesichtspunkt für politische Entscheidungen sind.

Die Aufgabe einer Redistribution des Einkommens kann natürlich in ganz verschiedenem Sinne aufgefaßt werden: von den Wohlhabenden zu den Armen, oder von den Ledigen zu den Familien, oder von den Lebemännern zu den Puritanern, oder von den Gesunden zu den Kranken und Schwachen. Tatsächlich bewirkt das britische System der öffentlichen Finanzwirtschaft eine Redistribution des Einkommens in jedem hier genannten Sinne; der überwiegende Gesichtspunkt ist jedoch die Redistribution zu Lasten der Wohlhabenderen und zugunsten der Minderbemittelten, und mit dieser Art Redistribution beschäftigt sich denn auch die augenblickliche Oxforder Untersuchung.

Allgemein gesprochen, ist die Verfahrensweise wie folgt. Wir beginnen mit den Einkommen der Produzenten, d. h. den Einkommen, die beim Produktionsprozeß entstehen. Hiervon werden, um das effektive Verbrauchseinkommen zu erhalten, die Steuern abgezogen; die sozialen Zuwendungen aller Art, deren Nutznießer die Empfänger sind, werden dagegen hinzugerechnet. Im einzelnen rechnen wir die Produzenteneinkommen — Einkommen- und Gewinnsteuer = verfügbares Einkommen — Aufwandsteuern + Subventionen (Güter, die unter Kostenpreis verkauft werden) + Gratisleistungen der öffentlichen Hand (= 100 %ige Subventionen) = Konsumenteneinkommen.

Dabei muß besonders beachtet werden, daß die so ermittelte Inzidenz der Steuern und sozialen Zuwendungen nur eine „formale" Inzidenz ist, wie ich diesen Vorgang an anderer

Stelle bezeichnet habe[1]): sämtliche etwaigen Überwälzungsvorgänge, die sich an die Erhebung der Steuern anknüpfen, bleiben dabei unberücksichtigt. Es ist notwendig, die Untersuchung auf diese formale Inzidenz zu beschränken, da diese die einzige Grundlage ist, für die statistische Unterlagen existieren, und da sie weiterhin nicht nur an sich bereits sinnvoll ist, sondern auch der beste verfügbare Anhaltspunkt für die Richtung der „effektiven Inzidenz", die den ganzen Prozeß der ökonomischen Anpassung umfaßt.

Das Ausmaß der Redistribution wird gemessen, indem die Bevölkerung in Einkommensgruppen gegliedert wird. In jedem Falle wird die Familie als Einheit genommen; nicht nur, weil dies ökonomisch am vernünftigsten ist, sondern auch, weil die Ehegatten zusammen zur Einkommensteuer herangezogen werden und viele Aufwandsteuern (z. B. die Steuern auf Nahrungsmittel) zusammen in der Familienhaushaltrechnung erscheinen. Prof. Barna teilte in seinen Vorkriegsuntersuchungen die Einkommensskala in sieben Einkommensgruppen mit der Hauptteilung bei 250 £ jährlichem Familieneinkommen. Man kann sagen, daß unter dieser Grenze die Armen lagen, darüber diejenigen, denen es besser geht, wenn es auch noch nicht gerade die Reichen sind; hierfür müßte die Hauptteilung wahrscheinlich bei der Steuerfreigrenze der Surtax mit 2000 £ jährlich liegen. Die damalige Teilung bei 250 £ entspricht heute ungefähr einem Einkommen von 550 £, wenn man die Veränderung des Geldwertes berücksichtigt. Der Einfachheit halber kann man die Grenze bei 500 £ ziehen; wir haben Zahlenunterlagen, aus denen hervorgeht, daß 80 % der Bevölkerung an oder unter dieser Grenze lebt, und diese Einteilung

---

[1]) U. K. Hicks, The Terminology of Tax Analysis, Economic Journal, April, 1946.

erfaßt die Mehrzahl der Handarbeiter sowie viele andere Bevölkerungskreise.

Das Verfahren ist nun so, daß für jede Gruppe getrennt bestimmt wird, wieviel sie an einzelnen Steuern zahlen und wieviel ihnen durch die verschiedenen Arten von Zuwendungen zufließt. Eine Begrenzung liegt natürlich darin, daß „Reichtum" und „Armut" notwendigerweise mit unterschiedlichem Geldeinkommen gleichgesetzt werden muß, während in Wirklichkeit natürlich andere Faktoren, beispielsweise die Vermögenslage und die Naturalabzüge (wie z. B. Nahrungsmittel in der Landwirtschaft) ebenfalls für die Wohlstandssituation von Bedeutung sind.

5. Die Problematik der statistischen Erfassung der Einkommensumschichtung durch die öffentliche Hand

Einige Probleme der zahlenmäßigen Erfassung der Einkommensverteilung und der Redistribution möchte ich nun kurz erörtern.

Zunächst die Verteilung des Produzenteneinkommens auf die Einkommensgruppen. Hier ergeben sich hauptsächlich zwei Schwierigkeiten: erstens die Feststellung der Höhe des nichtbesteuerten Einkommens, nämlich solchen Einkommens in natura oder in Geld, das keiner Steuer unterliegt (wie z. B. Zinsen für National Savings Certificates); zweitens (und das ist besonders wichtig für wirtschaftspolitische Entscheidungen) die zwischen dem Verdienen des Einkommens und dem Erhalt des Entgelts eintretenden Zeitunterschiede. Die Einkommens- und Gewinnbesteuerung eines bestimmten Jahres bemißt sich nämlich in der Regel nach dem Einkommen eines früheren Jahres, des letzten oder sogar des vorhergehenden, so daß das, was wir erfassen und aufteilen, nie das reine Einkommen einer einzigen Rechnungsperiode ist. Eine noch größere Schwierigkeit ergibt sich bei der Definition des persönlichen Einkommens. Sollen wir Einkommen mitrechnen, das dem Berechtigten zusteht, aber nicht zufließt, oder das vielleicht überhaupt nicht zufließt oder aber nicht in der Form von Geldeinkommen? Die beiden hauptsächlichsten Beispiele für solches Einkommen sind erstens der Mietwert der eigenen Wohnung. In England bietet solches Einkommen in Wirklichkeit keine Schwierigkeit, da es zur Einkommensteuer herangezogen wird. Ein zweites großes Problem ergibt sich aus der Zurechnung der nicht ausgeschütteten Gewinne auf die Einkommensgruppen. Prof. Barna versuchte, die Verteilung des Eigentums an Industriepapieren festzustellen und das Einkommen aus nicht verteilten Gewinnen entsprechend auf die Einkommensgruppen aufzuteilen. Bei näherem Nachdenken erscheint es mir jedoch kaum ratsam, Einkommen einzubeziehen, das immer weniger der Kontrolle der einfachen Aktionäre unterliegt, und es ist meiner Ansicht nach besser, die nicht verteilten Gewinne aus dem Produzenteneinkommen auszuschließen.

Wenden wir uns den Problemen zu, die bei der **Einkommensverteilung der Steuern** entstehen, so sind zwei besondere Schwierigkeiten zu nennen. Erstens, welches Verfahren soll bei den „Steuern auf die Produktion im allgemeinen" (taxes on production in general), wie die Statistiker sie nennen, angewandt werden, d. h. also bei Kostensteuern, die von Firmen gezahlt werden, wie z. B. die „local rate" (Gemeindesteuern) der Fabrik- und Geschäftsgrundstücke, Kraftfahrzeugsteuern und Treibstoffsteuern für

II. Die Einkommensumschichtung durch die öffentliche Hand

geschäftlich genutzte Fahrzeuge? Das Aufkommen aus diesen allgemeinen Kostensteuern ist beträchtlich (weit über 100 Mill. £), so daß es, wenn eben möglich, in die Berechnungen eingeschlossen werden sollte. Meiner Ansicht nach wäre hier eine vernünftige Lösung in der Weise zu finden, daß dieses Aufkommen auf die einzelnen Einkommensgruppen im Verhältnis ihres Gesamtverbrauchs aufgeteilt wird.

Das zweite Problem auf der Steuerseite ergibt sich bei den Erbschaftsteuern. Diese Steuern treffen die Lebenden nicht oder nur in einer sehr indirekten Form, noch sind sie, vom einzelnen gesehen, jährlich zu zahlende Steuern. Es gibt jedoch einen guten Grund, sie in die Berechnungen über die Redistribution mit einzuschließen, da sie, wie wir gesehen haben, die größere Gleichheit der Einkommen sehr wirkungsvoll beschleunigen. Prof. Barna entwickelte eine geniale Methode, die Erbschaftsteuern als jährliche Steuern aufzufassen, die die verschiedenen Einkommensgruppen in Übereinstimmung mit der Vermögensverteilung und Lebenserwartung der Mitglieder jeder Gruppe treffen, soweit dies eben geschätzt werden konnte. Auf diese Weise kann die Wahrscheinlichkeit der Erbschaftsteuerzahlung für jede Einkommensgruppe für jedes bestimmte Jahr ermittelt werden. Wenn man also die Erschaftsteuern in die Untersuchung einbeziehen will, erscheint mir dies als der richtigste Weg.

Auf der Ausgabenseite müssen wir uns mit dem sogenannten „öffentlichen Einkommen" beschäftigen im Gegensatz zum „privaten Einkommen", das die Privaten aus dem Produktionsprozeß erhalten. Das öffentliche Einkommen besteht aus zwei Gruppen.

1. Barzuwendungen (Pensionen, Familienunterstützungen, Versicherungsleistungen, Stipendien usw.). Diese können

wir in Übereinstimmung mit der Steuerterminologie „E i n k o m m e n s übertragung" nennen.

2. Unbare Übertragungen in Form von Gütern oder Dienstleistungen (Schulbildung, nationaler Gesundheitsdienst, Nahrungsmittelsubventionen usw.). Diese können wir A u f w a n d s subventionen nennen.

Das Hauptproblem bei der Aufteilung dieser beiden Arten der öffentlichen Ausgaben auf die Einkommensgruppen besteht darin, Anhaltspunkte für die Inanspruchnahme dieser Leistungen durch die verschiedenen Einkommensgruppen zu finden. Das ist verhältnismäßig leicht im Falle der Einkommensübertragungen, aber viel schwieriger für die Aufwandssubventionen, und bekanntlich variiert das Ausmaß, in dem gewisse Dienste in Anspruch genommen werden (z. B. der nationale Gesundheitsdienst) sehr stark nicht nur innerhalb der Einkommensgruppen, sondern auch in deren Verhältnis zueinander.

Auf der Seite der öffentlichen Ausgaben entsteht jedoch noch ein weiteres und schwieriges Problem, das dem des abgeleiteten Einkommens auf der Steuerseite entspricht. Ich habe dies bereits in Hinsicht auf Prof. Barna's Buch erwähnt. Wie soll man diejenigen öffentlichen Ausgaben, die kollektiven Dienstleistungen wie beispielsweise der Verteidigung, der Aufrechterhaltung von Recht und Ordnung und der allgemeinen Verwaltung dienen, auf die Einkommensgruppen aufteilen? Während Privateinkommen in der Regel logisch gewissen Leuten zugerechnet werden kann (unverteilte Gewinne z. B. den Anteilseignern) gibt es keinen logischen Grund, die kollektiven Ausgaben gewissen Bevölkerungsschichten oder Einkommensgruppen zuzurechnen. Versucht man, diese u n t e i l b a r e n Leistungen aufzuteilen, kommt man zu der absurden Aussage, daß ein Reicher von der Landesverteidigung mehr profitiert als ein Armer. Darum ist es meiner Meinung nach besser, die gesamten kollektiven Ausgaben aus der Berechnung herauszulassen, obwohl das heißt, daß die Summe der erhaltenen Zuwendungen beträchtlich geringer sein wird, als die Summe der gezahlten Steuern.

6. Der Umfang der Einkommensumschichtung durch die öffentliche Hand

Die Zahlenergebnisse der genannten Untersuchung sind, wie ich bereits sagte, noch nicht verfügbar. Es ergibt sich jedoch offensichtlich, wie bereits oben erwähnt, daß das Ausmaß der Redistribution des Einkommens infolge des Anwachsens des öffentlichen Sektors und des noch schnelleren Wachsens der Sozialleistungen noch zugenommen hat. Das Problem kann man jedoch nach zwei Richtungen hin untersuchen:

1. Hat sich die Lage der Minderbemittelten d. h. der Einkommensempfänger unter 250 £ (1937) bzw. unter 500 £ (heute) im Verhältnis zu den Wohlhabenden, also denjenigen verbessert, die höhere Familieneinkommen als diese Gruppe besitzen? Oder:
2. haben die besonders Wohlhabenden im Vergleich mit 1937 Einbußen an ihrem Wohlstand erlitten und die Ärmsten der Armen ihre Lage im Vergleich mit ihresgleichen im Jahre 1937 verbessert?

Zu der ersten Frage kann meines Erachtens schon beim heutigen Stand der Dinge Definitives gesagt werden. Im allgemeinen wurden die Einkommensteuern 1937 aus den Einkommen über 250 £ gezahlt, während das Aufkommen an

Verbrauchsteuern hauptsächlich von den Familien unterhalb dieser Grenze aufgebracht wurde. Wenn dies für mehr als 80 % des Aufkommens zutraf, wäre die Besteuerung also stark regressiv gewesen. Nun wurden 1937 rund 76 % der Steuern auf Nahrungsmittel von Einkommensempfängern unter 500 £ gezahlt; 70 % der Gemeindesteuern wurden von ihnen gezahlt, aber auf der anderen Seite wurden 70 % der den Kraftverkehr treffenden Steuern von den (in diesem Sinne) relativ Wohlhabenden gezahlt, während sich das Aufkommen aus Einfuhrzöllen und Zöllen auf Seide zu gleichen Teilen auf diejenigen unter und über 500 £ verteilten. So ergab sich also im allgemeinen ein r e g r e s s i v e s Aufwandsteuersystem und ein p r o g r e s s i v e s Einkommensteuersystem. Nimmt man die Gemeindesteuer hinzu, so stieg die Steuerlast ziemlich stetig von ungefähr 16 % bei einem Familieneinkommen von 100 £ jährlich bis auf 90 % bei einem Familieneinkommen von 100 000 £, soweit Familieneinkommen solchen Ausmaßes überhaupt vorkamen.

Die hauptsächlichsten Veränderungen bis jetzt sind, abgesehen von dem allgemeinen Anstieg der gesamten Steuerlast, der durch das Anwachsen der kollektiven Leistungen insbesondere für die Verteidigung notwendig wurde, erstens die Steigerung der Progression der Surtax in den mittleren Einkommensstufen im Vergleich zu den höchsten Stufen, in denen die Einkommensteuer notwendigerweise eine Asymptote zum Gesamteinkommen wird; zweitens die teilweise Ablösung der proportionalen oder in einigen Stufen regressiven Gemeindesteuer durch die stärker progressiv wirkende Purchase Tax. Das Aufkommen der Purchase Tax, die 1937 noch nicht existierte, beträgt heute 3 % des Volkseinkommens; andererseits sind die Gemeindesteuern von einem Anteil von 4 % am Volkseinkommen auf weniger als 3 % zurückgegangen (1949).

II. Die Einkommensumschichtung durch die öffentliche Hand

Auf der Ausgabenseite kam 1937 nur 1 % der Zuwendungen den Einkommen über 500 £ zugute; dieser Prozentsatz ist heute infolge der Erweiterung des staatlichen Gesundheitsdienstes und der Ausdehnung der staatlichen Erziehung auf die Mittelklasse wahrscheinlich höher. Der überraschende Zug in der Einkommensverteilung der Zuwendungen 1937 war jedoch das Fehlen jeglicher Progression der Sozialzuwendungen nach dem verschiedenen Sozialbedarf der einzelnen niedrigen Einkommensgruppen. (Dies ist in Tabelle II dargestellt.) Tatsächlich haben sozialwissenschaftliche Untersuchungen den Nachweis erbracht, daß dem Bemühen, die Zuwendungen an Sozialleistungen, abgesehen von den Wohlfahrtsunterstützungen, gerade den Familien zukommen zu lassen, die sie am meisten benötigen, beträchtliche Hindernisse entgegenstehen. Staatlich subventionierte Wohnungen beispielsweise erhalten hauptsächlich die Bessergestellten unter den Minderbemittelten, denn die wirklich Armen können noch nicht einmal die subventionierte Miete aufbringen. Die hauptsächlichste Änderung der Redistributionswirkung der öffentlichen Ausgaben gegenüber 1937 ist die höchst redistributive Inzidenz der Nahrungsmittelsubventionen. Diese sind insofern besonders den Ärmsten der Armen zugute gekommen, als dadurch ein größerer Prozentsatz ihres Einkommens für andere Waren und Zwecke frei wurde, eben weil die Armen einen größeren Teil ihres Einkommens für Lebensmittel ausgeben als andere, so daß eine Nahrungsmittelverbilligung für sie eine ähnliche Wirkung besitzt wie eine pro Kopf gleichmäßig ausgezahlte Unterstützung. Für weitere und ausführlichere Angaben über die Redistribution der Einkommen nach dem Kriege müssen wir jedoch den Abschluß der neuen Untersuchungen abwarten.

II. Die Einkommensumschichtung durch die öffentliche Hand

Tabelle I.

Durchschnittliche Steuerzahlungen (1937) der unteren Einkommensgruppen (£ je Familie jährlich)

Eink.-Gruppe	Gemeindest.	Lebensmittelst.	Alkohol und Tabak	andere	Sozialvers.
unter 250	2,5	0,99	3,8	0,7	1,4
250—500	3,9	1,5	3,5	3,6	0,4

Tabelle II.

Durchschn. Inzidenz der aufteilbaren Zuwendungen (1937) (£ je Familie jährlich)

	Erziehung	Gesundheit	Krankenvers.	Unterstützg. u. Arbeitslos.	Pensionen	Wohnung
unter 125	2,1	1,2	0,7	4,2	5,1	0,4
125—250	3,1	1,2	0,4	0,8	1,1	0,7
250—500	3,7	1,3	—	—	0,3	—

Printed by Libri Plureos GmbH
in Hamburg, Germany